ヨベル新書
025

和解を通して
Reconciled to God
Michael Oh
マイケル・オー[著]

YOBEL,Inc.

和解を通して
Reconciled to God

目　次
Contents

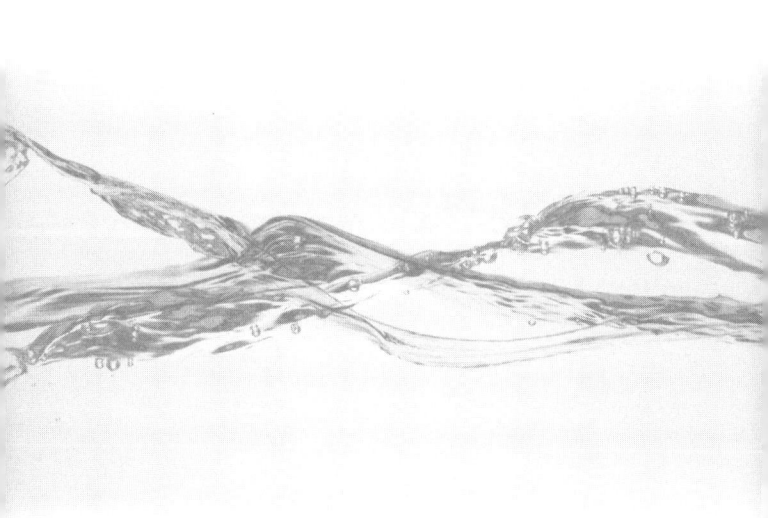

ローザンヌ運動と日本の教会……5

金本　悟

ローザンヌ運動の日本の教会への貢献……9

倉沢正則

【ローザンヌ運動40周年・証し】

和解を通して……15

マイケル・オー

Reconciled to God

Testimony & Greeting

Michael Oh

これからの世界

―― 宣教の焦点と教会が問われる使命……31

マイケル・オー

The Reality We Are Facing:

The Agenda of Christian Mission

and the Roles of the Church

Michael Oh

ローザンヌ運動と日本の教会

金本　悟

ローザンヌ運動と日本の教会

　1974年7月、スイス・ローザンヌで第1回ローザンヌ世界宣教会議が開かれました。そこで採択された「ローザンヌ誓約」は、伝道と社会的責任のバランスのとれたホーリスティック（包括的）な福音と宣教の理解を提示し、世界の教会に大きなインパクトを与えました。

　その起草者でありローザンヌ運動の初期の指導者の一人であるジョン・ストット師（John Robert Walmsley Stott, 1921〜2011）は、同じ年の6月に京都で開かれた第1回日本伝道会議の主講師をしてくださいました。第1回ローザンヌ世界宣教会議では、日本からは宇田　進師（東京基督教大学名誉教授、共立基督教研究所初代所長、1933〜）が、講師の一人を務められました。この働きは、その後「ローザンヌ運動」として継続され、テーマごとの研究会議が積み重ねられ、その成果は「ローザンヌ・オケージョナル・ペーパー」として発表されました。日本語にも翻訳されて関西ミッション・リサーチ・センター（KMRC）から刊行され、宣教の情熱と時代の最新の知見を日本の教会に提供してきました。

　1990年代、日本の福音派はローザンヌ運動と疎遠になった一時期がありましたが、2004年タイ・パッタヤで開かれた世界宣教フォーラムを機に新たな動きがありました。それは、元日本宣教師のダグ・バー

ザル師（Doug Birdsall）が総裁／ CEO 、日本人の宣教学者・山森鉄直師（国際飢餓対策機構・元国際総裁、1937 〜）が国際総主事として選出され新たな息吹が与えられたのです。このフォーラムにおいて、日本からの参加者たちは「日本ローザンヌ・ネットワーク」をつくりました。このネットワークはとてもよく機能しました。

2010 年南アフリカ・ケープタウンで第 3 回ローザンヌ世界宣教会議（The Third International Congress on World Evangelization）が開かれることになりました。日本ローザンヌ・ネットワークは、この会議への参加者を選出するために、KMRC、東京ミッション研究所（TMRI）、JEA 宣教委員会などの協力の下で「日本ローザンヌ委員会」へと改組され、組織体としての活動を開始しました。この委員会はケープタウンで表明された『ケープタウンコミットメント』を翻訳出版すると共に、会議で提起されたことをチャレンジとして受け止め、日本におけるシンポジウム開催などの活動を継続し今日に至っています。

2013 年 6 月インド・バンガロー市で、ローザンヌ運動の新しい総裁／ CEO が選出されました。その方は、日本ローザンヌ委員会のメンバーでもあり、名古屋でキリスト聖書学園を創設した宣教師のマイケル・オー師（Michael Oh, 1971 〜）です。国際ロー

ザンヌ運動の本部が、今や日本の名古屋に移りました。世界に重要な意味を持つこの運動のリーダーが、2代続けて日本宣教の同労者から選ばれたこと、またこの運動の中で「宣教」が単に理論や戦略だけでなく、インマヌエルの主の愛を実践し神の国の建設のために身を献げている指導者たちの生き方の中に継承されていることを実感しています。

ローザンヌ運動の総裁を日本から送り出せた恵みをまず第1に主なる神に感謝しています。第2に、ローザンヌ運動が日本の諸教会との良き宣教パートナーとして貢献できる恵みに与れることを感謝しています。

感謝と共に、マイケル・オー新総裁のために、そして、ローザンヌ運動と日本の教会も含めて世界の教会との良きパートナーシップのために、祈りをもってお支えいただければ幸いです。

（日本ローザンヌ委員会委員長、練馬神の教会牧師）

ローザンヌ運動の
日本の教会への貢献

倉沢正則

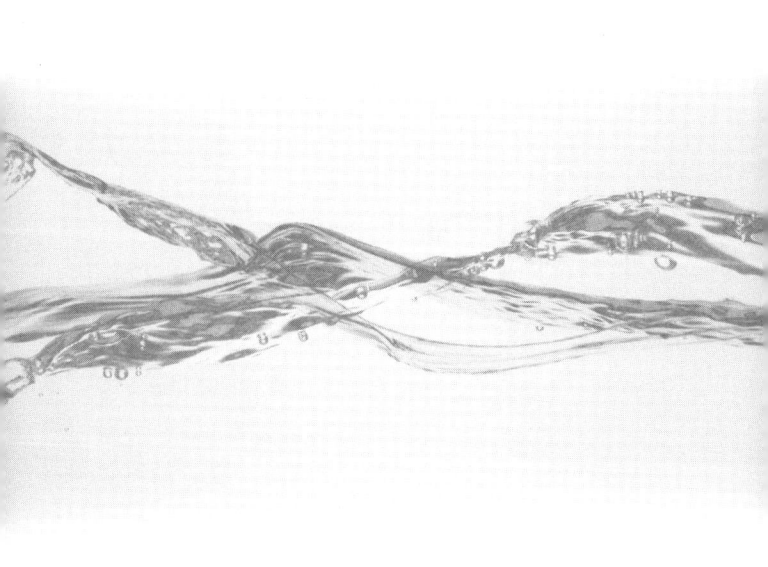

ローザンヌ運動の日本の教会への貢献

はじめに

このレセプションにこれほど多くの方々、特に、日本のキリスト教界を導く指導者の方々が時間を割いて集まってくださることを感謝いたします。多くの方々の参集に日本の教会とローザンヌ運動との「強い結びつき」を感じざるを得ません。ここには、新総裁を迎えたローザンヌ運動への関心とともに日本宣教も視野に入れた期待が込められていると思います。限られた時間の中で、ローザンヌ運動が日本の教会にとってどのような意義と重要性を持っているのかを私なりに語らせていただきたいと思います。ローザンヌ運動の合言葉は、何と言っても、「全教会が、全福音を、全世界へ」という宣教のスピリットと使命にあります。この「全」というところに目を止めて、その意義と重要性を考えてみましょう。

1 「全教会」

ローザンヌ運動は、日本のプロテスタント福音主義教会の一致と協力を促す触媒として貢献して来ているのではないかと思います。もちろん、いわゆる福音派の結集には、日本福音連盟（JEF）、日本プロテスタント聖書信仰同盟（JPC）、日本福音宣教師団（JEMA）の3団体が創立会員となって結成された

日本福音同盟（1968年創立、再編1986年）に負うところが大きいのですが、その背後にあって宣教協力へと進ませた「日本伝道会議」（1974年）は、ローザンヌ世界宣教会議（1974年）と手と手を合わせた歩みでした。1960年代後半から1970年代前半にかけて、聖書信仰に立つ福音派の台頭が世界大の規模で起こってきた時でもありました。世界教会協議会（WCC）の宣教理解に対するアンチテーゼとして聖書的な宣教観を構築する必要が叫ばれる中で、米国のビリー・グラハム師と英国のジョン・ストット師らがこのために立ち上がったわけです。

ビリー・グラハム師は、戦後何回か来日されて、「ビリー・グラハム国際大会」（1956年、1967年、1980年、1994年）を各地で開催されて、福音的な諸教会はこれに参加・協力する中で、その宣教協力の実践がなされて行きました。これが日本福音同盟創立の伏線に少なからずなっていたのではないかと思います。ローザンヌ運動は、聖書的エキュメニズム（歴史的信仰の確認と保持、宣教への使命と結束）と宣教協力を促し、宣教の担い手としての教会の中心性を確認させるものとなりました。

2　「全福音」

ローザンヌ運動の結実である「ローザンヌ誓約」、「マニラ宣言」、「ケープタウン決意表明」等の文書は、

日本の教会にとって、宣教とその協力のための聖書的、神学的、方策的、実践的な基盤を提供するものとなっています。これらは、福音派の宣教理解を広げ、単に「魂の救い」のみに傾きがちな伝道一本のあり方から人々の具体的な身体的・精神的・社会的・環境的な必要にも手を差し伸べる福音の包括的なミニストリーへの取り組みをもたらしました。それはまた、神との関係や人との関係における敵意や争い、痛みや破れにキリストにある「和解の福音」を「ことばと行い」で示す必要を訴えています。そのような中で、東日本大震災（2011年）が起こり、人々の窮状に教会は進んで協力して、彼らの霊的・身体的必要に応える取り組みを行っているところです。

3 「全世界」

ローザンヌ運動の指導者たちは、実に日本との絆が非常に強いことに気づきます。不思議で驚くばかりです。第1回ローザンヌ世界宣教大会のディレクターであったドナルド・ホーク師は、東京キリスト教短期大学（現在の東京基督教大学）の前学長でティーム（TEAM）宣教師でした。ビリー・グラハム師とはホイートン大学の同級生でした。第3回ローザンヌ世界宣教会議（ケープタウン2010）のダグ・バーザル師は元アジアン・アクセスの日本での働き人、今回のマイケル・オー師は米国長老教会宣教師で、日

本で神学教育（キリスト聖書学園）に携わっています。これらの人々は、日本宣教に重荷を持って遣わされて来られた人々です。ローザンヌ運動は、日本の教会が世界の教会とその宣教とに繋がるための架け橋のようなものです。事実、国際総裁に選出されたマイケル・オー師はその受諾の条件として、事務所を米国ではなく日本の名古屋に置くことを求めたのです。

　ローザンヌ運動はまた、日本の教会に、あらゆる人々にあらゆるレベルで福音を表す働き（紛争調停、貧困飢餓対策、環境保全、ワークプレイス、ディアスポラ、字の読めない人々、子どもや障がいのある人々の必要等）を知らせ、また、そこに関わる働きへの示唆や呼びかけを取り次ぐ器として与えられているのではないかと思います。多種多様な働きが、福音の包括的なミニストリーとして展開されているのです。

おわりに

　ローザンヌ運動は、宣教の担い手である教会の宣教が生き生きとされるために、宣教の情熱を持つ指導的な人々をつなぎ、交流と協力を豊かにする架け橋として奉仕したいと願っています。ローザンヌ運動は個人のネットワークですから、それぞれが教会、教団、団体の立場と使命を尊重しながら、情報を交換・共有して神の国の建設と進展のために、良い協

ローザンヌ運動の日本の教会への貢献

力関係を保って行きたいと願います。世界的にも、すでに世界福音同盟（WEA）総主事ジェフ・タニクリフ師とローザンヌ総裁マイケル・オー師との協力に関する共同メッセージ（2013年9月）が公開されています。日本ローザンヌ委員会は、日本に拠点をおくローザンヌ運動の新総裁として立たれたマイケル・オー師とそのリーダーシップのために、日本のキリスト教会や団体の方々に、是非、お祈りとご支援をお願いする次第です。

（2014年2月3日、ローザンヌ運動40周年
マイケル・オー総裁 就任記念講演会にて
当時：東京基督教大学学長、現在東京基督教大学教授）

【ローザンヌ運動40周年・証し】

和解を通して

マイケル・オー

Reconciled to God

Michael Oh

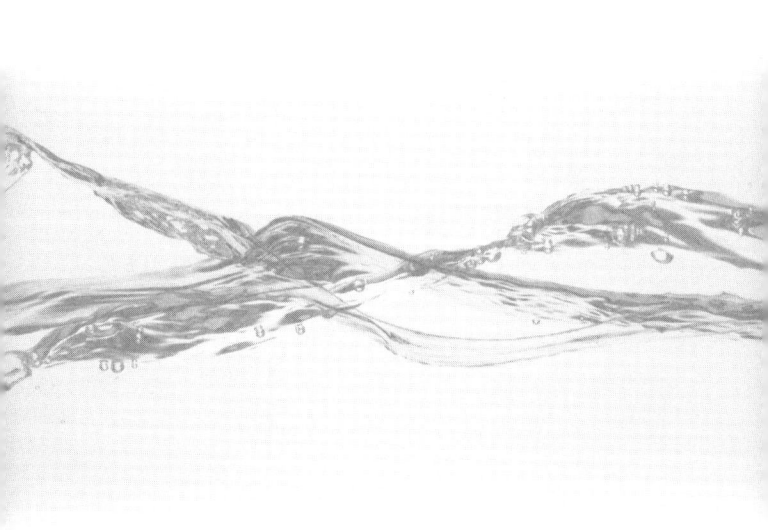

証し　和解を通して

この証しは、2014年2月3日に日本ローザンヌ委員会主催の「ローザンヌ運動40周年記念レセプション」にて話された内容をもとに編集したものです。

　みなさんこんにちは。
　私は、マイケル・オーと申します。今日、多くの日本の教会、そしてクリスチャン・リーダーの皆さんと同席できることを、大変嬉しく思います。特に、日本ローザンヌ委員会の主催によって、このような会を開いてくださったことを、金本 悟先生を始め、皆様に心から感謝します。日本ローザンヌ委員会は、私にとって家族のような存在です。そしてまた、一人の宣教師として、この日本に仕えることを、大きな誇りに思っています。

　私と妻のパールは、1998年と1999年に短期宣教師として来日しました。そして、2004年1月には、ひとつの家族として日本に戻りました。それからの10年間は、私たちにとって大きな喜びとチャレンジ、そして祝福に満たされた時間でした。このような素晴らしい歩みを、神さまが与えてくださるとは、夢にも思っていませんでした。

　私の父は1936年2月に生まれました。その名前は強制的に、松山英夫と名付けられました。父は、

和解を通して

Testimony delivered on February 3, 2014, at the Lausanne Movement 40th Anniversary Reception hosted by the Japan Lausanne Committee.

Hello, everyone.

My name is Michael Oh. It is a true honor to be here with so many leaders of the Japanese church. And I am so thankful especially to Kanemoto-sensei and the Japan Lausanne Committee for hosting today's events. They have become like a family to me. It has been a tremendous honor to serve as a missionary to Japan.

My wife, Pearl, and I were here in 1998 and 1999. And we returned as a family in January 2004. The last ten years have been filled with incredible joys, challenges, and blessings. I never could have imagined this journey that God has led us down.

My father was born in February 1936. The name that was forced upon him was Matsuyama Hideo. It was a difficult life for our family. My father was the oldest of nine children. They were very poor. But it was a family that was rich in faith. That faith in Christ helped them through a very difficult time in Korea's history.

My great-grandfather had learned about the young

証し　和解を通して

9人兄弟の長男でした。大変貧しく、厳しい生活を強いられました。しかし、父の家族は、信仰において大変豊かでした。このキリストへの信仰が、大変難しい韓国での生活をのり越える力となりました。

　曽祖父は、若い女性が慰安婦として、日本の軍隊に連れて行かれることを知りました。それで、私の大叔母に当たる女性を、敵である日本人から守るために、まだ若いティーンエイジャーの時に、結婚させました。80年経った今、その曾孫が日本の宣教師として、主に仕えています。

　私の父は非常な努力をして、韓国の一流大学である、延世大学で学びました。その後医師になり、ベトナム戦争で従軍した後、わずか300ドルしか持たずに、父は私の母、そして姉をつれてアメリカに移住しました。当時、長男が家族としての義務を果たさないで、アメリカン・ドリームを求めるということは、とんでもないことでした。しかし、その34年後に息子がその父親のアメリカン・ドリームを後にして、日本で福音を伝えるために、アジアに戻って行きました。

　私は父をほとんど知らずに育ちました。父が韓国で受けたメディカル・トレーニングの実績はアメリカでは受け入れられませんでした。ですから、もう一度初めから訓練をやり直さなければなりませんで

girls who were being taken away as sex slaves by the Japanese army. In order to protect my great-aunt, my great-grandfather quickly arranged for her marriage as a young teenager. Eighty years later, his great-grandson is serving as a missionary in Japan.

My father worked very hard to attend one of the top schools in Korea, Yonsei University. After becoming a doctor and serving his military duties during the Vietnam War, he, my mother, and my older sister immigrated to America with just $300 in their pockets. It was a radical move for the oldest son to leave behind his family duties to pursue the American Dream. Thirty-four years later, his son would say goodbye to him to return to Asia to pursue the spread of the gospel in Japan.

I hardly knew my father growing up. His medical residency training was not recognized in America so he had to do it all over again. There were only a few hours each week when he was even home. When I saw my father, I would stand in front of my mother protecting her with my arms crossed, shooting my Ultraman ray!

Forty years later, I'm here in Japan telling my own son stories about when I was a boy watching Giant Robo

した。父が家に帰ってくることは、1週間のうち、ほんの数時間しかありませんでした。たまに帰ってくる父をみると、私はとっさに母を守るために、前に立ちはだかって、ウルトラマンのスペシウム光線の格好をしていました。

　40年後、私は日本に住み、息子に、自分が昔、ジャイアントロボを見ていたことを話しています。けれども私が日本に来たのは、ジャイアントロボやマッハ　ゴー　ゴー　ゴーのような日本のテレビ番組が好きだからという理由ではありません。むしろ、神さまは、韓国系アメリカ人である私に日本人に対する憎しみを乗り越えるという、大きな試練を与えられました。

　私はハーバード大学の大学院で、日本の文化人類学、そして歴史を学びました。二人の担当教授に執筆協力するために、市民社会とオウム真理教についての研究をしました。それとともに、日本軍の生物化学兵器部隊と731部隊による、非人道的な医学実験についても研究しました。そして、アジアにおける従軍慰安婦たちの、想像もできない悲劇についても研究しました。

　その当時、私はキリスト聖書神学校を設立しようと準備をしている最中でした。私はあまりの怒りに、

(translator's note: a Japanese TV hero). But the reason I'm in Japan is not because of my boyhood love of Japanese TV programs like Giant Robo and Speed Racer (Mach Go Go Go). In fact, God had to overcome some of my own hatred against the Japanese.

During graduate school at Harvard University I focused my studies on Japanese cultural anthropology and history. I had the opportunity to do research for two of my professor's books on civil society and another on Aum Shinrikyo. I also did research on Unit 731 and the inhumane medical experimentation performed by the Japanese biological and chemical warfare units of the Imperial Army. And I learned about the unimaginable experiences of the so-called "comfort women" throughout Asia.

At the time, I was in the midst of preparations for establishing Christ Bible Seminary. That ministry was threatened as I struggled with my anger. Graciously God taught me two things. First, he reminded me of the call to love your enemies. Second, he reminded me that I was once his enemy. God loved me, his enemy, and reconciled me to himself through the death of his Son. That truth of Romans 5:10 was humbling:

"For if, while we were God's enemies, we were

証し　和解を通して

このミニストリーにおいて挫折しそうになりました。けれども、神さまは憐れみ深く2つのことを教えてくださいました。

1つ目は、「あなたの敵を愛しなさい」という御言葉を、覚えさせてくださったことです。

2つ目は、私自身が神さまの敵であったということです。

神さまは敵である私を、ご自身のひとり子の死を通して和解させてくださいました。このローマ書5章10節の真理は私を謙虚にさせます。

> 「もし敵であった私たちが、御子の死によって神と和解させられたのなら、和解させられた私たちが、彼のいのちによって救いにあずかるのは、なおさらのことです。」

私は、自分自身にも、韓国人にも、そして世の中の誰一人として主張できる義はない、ということを知りました。神さまは私に、キリストにある恵みのみによって、神の前に立つことができるということを、思い起こさせてくださいました。

神によって責められ、回復されたことによって、私は新たに十字架のキリストを見上げ、そして値なしに愛されていることを知り、また値なしに人を愛することを知ったのです。

キリストによって、私はかつて敵と呼んでいた者

reconciled to him through the death of his Son, how much more, having been reconciled, shall we be saved through his life!"

I realized that I had no righteousness of my own to stand upon, nor do the Korean people or any person. God reminded me that we can stand before him only by his grace in Christ alone. Rebuked and restored by God, I could look afresh upon the cross of Jesus Christ and both be loved undeservedly and love others unreservedly.

Because of Christ, I could call those who had been my enemies brother, sister, and friend. This was the lesson I needed to learn—that reconciliation begins with recognizing my sin before God, not in pointing out to God the sins of others.

Please forgive me for my self-righteousness and condemnation. Just like our reconciliation with God, I believe that reconciliation between Koreans and Japanese will happen only through the power of the death of Jesus Christ.

Today, in gathering together as brothers and sisters united in Christ, that power is beautifully being displayed! As I've shared, there are various reasons why

を、兄弟、姉妹、そして友と呼ぶことができるのです。これは私自身が学ぶべきことでした。

この和解は、私自身の罪を神さまの前で認めることから始まらなければなりません。他の人の罪を神さまに差し向けることからは始まらないのです。

どうか、私の自己義認と、人を裁いてしまう罪を赦してください。私たちが神さまと和解したように、私は韓国人と日本人がイエス・キリストの死の力によってのみ和解できることを信じます。今日ここにいる兄弟姉妹、私たちがキリストによって1つになっているように、その力が、美しく映し出される時が来るのを、こころから信じています。

人間的に言うならば、なぜ私が日本にいるのか、納得できない理由がいくつもあります。けれども、神さまの方法は私たちの方法と違います。そして神さまの驚くべき召命は、いつも栄光に満ちています。

一人の宣教師としての私のミッションは、皆さんに仕えることです。この9年間、キリスト聖書神学校の校長として仕えることができたこと、そして、日本の未来のリーダーたちを育てるための、小さなお手伝いができたことは、私にとって大きな特権であり、また喜びでした。

キリスト聖書神学校は、8畳の小さな部屋から始まりました。その後20畳の部屋になりました。そして、日進市にある5つの小さな部屋のある建物に

humanly speaking it doesn't make sense that I'm in Japan. But God's ways are different from our ways. And his surprising calls are always faithful and glorious.

As a missionary, my mission is to serve all of you. It's been a privilege to serve as the president of Christ Bible Seminary for these past nine years. And it's been a joy to make a small contribution toward training future leaders for Japan.

The first home of our seminary was an eight mat room. Then a twenty mat room. Then five small rooms in Nisshin City. We had just three students in our first class. We knew it would take a miracle to just survive. Today we're so thankful to be a growing seminary shining the light of Jesus in downtown Nagoya. My hope for CBS is the same as that of Archibald Alexander, the first professor at Princeton Seminary. He said, "May God use this institution to bring blessings to millions while we are sleeping in the dust."

And now God has brought me to a new calling with Lausanne. This calling is as "ridiculous" as my previous one. When I met Kanemoto-sensei and Masaki-sensei and other Japanese leaders at the 2004 Lausanne Pattaya Conference, I was an inexperienced missionary and a

移りました。最初の神学生はたった3名でした。学校が存続するだけでも、奇跡が必要だと思いました。けれども、今日、名古屋の中心部にイエス様の光をてらす神学校として成長したことを大変感謝しています。

　キリスト聖書神学校における私の望みは、プリンストン神学校の初期の教授であった、アーチバルド・アレキサンダー先生（Archibald Alexander）が残した言葉のようになることです。彼はこう言いました。
　「私たちがやがて塵の中で眠るとしても、神がこの神学校を、何百万という人々への祝福として、用いてくださいますように。」
　そして今、神さまは私に、ローザンヌという新しい召命を、与えてくださいました。この召命は、私が日本へのミニストリーへと召されるのと同じくらい、信じられないものでした。

　2004年のローザンヌ・パタヤカンファレンス（the 2004 Lausanne Pattaya Conference）で、金本 悟先生や正木牧人先生、日本のリーダーたちにお会いした時には、私は経験のない宣教師で、そしてまだ存在もしていない神学校の、33歳の校長でした。このような、世界中のリーダーたちが集まる集会に招かれる、人間的理由は、ひとつもありませんでした。
　けれどもそのとき、日本のリーダーたちの優しさ

thirty-three-year-old president of a seminary that didn't yet exist! There was no human reason for me to be invited to such a gathering of global leaders.

But I was so touched by the graciousness and kindness of the Japan delegation. They warmly received me and welcomed me, even though I clearly didn't deserve to be there. Ten years later, the headquarters of the Lausanne Movement is in Japan. God's plans are mysterious and beautiful. Surely there is no human reason for me to have been chosen to lead the Lausanne Movement.

I'm thankful for the love and grace that leaders around the world have shown to me in this first year. The first two people I shared this shocking news of my new calling with were Kanemoto-sensei and the General Secretary of the JEA, Shinagawa Kenichi-sensei. The first time I came to Japan was in 1993 as a summer worker with LIFE Ministries' Scrum Dendo program. That summer, originally I was supposed to go with the Presbyterian Church to India to work at an orphanage. The program was suddenly cancelled. Then I signed up to go to Japan with the Presbyterian Church. But I didn't have enough money. Scrum Dendo that summer didn't have enough workers. So they invited me to join, even without all my support.

証し　和解を通して

と親切に、心から感動したことを、今でも覚えています。そのような場所に全く相応しくない私を、温かく受け入れ、そして歓迎してくださいました。

　その10年後、ローザンヌ運動の本部が日本に移りました。神さまのご計画は不思議で、美しいものです。私自身が、ローザンヌ運動をリードする者として選ばれる人間的理由は、ひとつもありません。

　ですから、この1年の間に、世界中のリーダーたちが、忍耐をもって与えてくださった愛と恵みに、心から感謝しています。

　私がリーダーに選ばれたという衝撃的なニュースを、初めて分かち合ったのは、金本先生と、JEAの総主事である、品川先生のお二人でした。私が初めて日本に来たのは、1993年の夏、ライフ・ミニストリーのスクラム伝道の時でした。

　その夏は元々、インドの孤児院で奉仕をする予定でした。けれども、そのプログラムは突然キャンセルになりました。それで、長老教会を通して日本に行くことを申し込みました。けれども、十分なお金がありませんでした。ちょうどその時、スクラム伝道の奉仕者が足りないということを聞きました。それで、サポートがなくても参加できるように、招待してくださいました。

　日本中の100以上の教会で行われるスクラム伝道の中で、世田谷区の教会に、行くことになりました。その時、一人の建築家と友だちになりました。20年

和解を通して

Out of more than 100 Scrum Dendo churches throughout Japan, I ended up in a church in Setagaya-ku, Tokyo. There I had a friend who was an architect. Twenty years later, he along with two others from that church had become pastors. I know him as Ken-chan. But you know him as Shinagawa Kenichi-sensei. God's ways are so mysterious and beautiful. When Kanemoto-sensei and Ken-chan laid hands on me and prayed for me in February 2013 right here at OCC, it was a moment I will never forget. It was a reminder that God's plans are faithful and perfect. It was a reminder of the joy I have in serving as a missionary in partnership with wonderful Japanese leaders. It was a reminder that God uses weak, foolish sinners for his glory.

And it was a reminder that there is much gospel work still to be done here in Japan and around the world. Thank you for the honor and joy of partnering together with you in that work.

To God be the glory!

証し　和解を通して

後、その教会から、建築家の友だちと、他の二人の人が牧師になりました。私はその建築家を「けんちゃん」という名前で知っています。けれども、皆さんは「けんちゃん」を、「品川謙一先生」という名前で呼んでいます。神さまの導きは本当に不思議で、そして素晴らしいです。

　去る2013年の2月に、ここお茶の水のOCCビル内で、金本先生と「けんちゃん」が私の頭に手をおいて祈ってくださいました。決して忘れることのできない瞬間でした。

　神さまのご計画は忠実であり、そして完璧であると思い起こさせられる瞬間でした。素晴らしい日本のリーダーたちとパートナーを組み、宣教師として仕えることの大きな喜びを改めて味わいました。神さまは、弱く、愚かな罪人を、ご自身の栄光のために用いられることを改めて心に留めました。

　そして、日本中に、世界中になすべき福音の働きがまだ多く残されていることを深く覚えさせられました。この素晴らしい働きに皆さんと共に仕えることができることを心から誇りに思い、そして心から感謝します。

　神さまに栄光がありますように。

これからの世界
—— 宣教の焦点と教会が問われる使命

マイケル・オー

The Reality We Are Facing:
The Agenda of Christian Mission and the Roles of the Church

Michael Oh

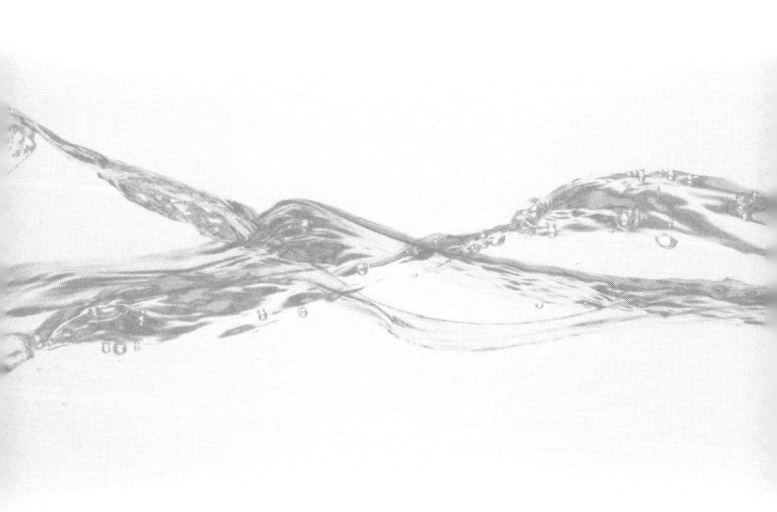

これからの世界 ─ 宣教の焦点と教会が問われる使命

Delivered on February 3, 2014, as the Lausanne Movement 40th Anniversary Memorial Lecture hosted by the Japan Lausanne Committee.

Good afternoon everyone! It is a tremendous honor to be here with you all!

I want to first of all share a picture of my family (*above*). My wife Pearl and I have five children. Four girls and a boy. We're doing our best to help solve the *jinkou mondai* (population problem) in Japan!

I want to thank Kanemoto-sensei, Kurasawa-sensei, and the Japan Lausanne Committee for their prayers, love, and encouragement. I want to say thank you also to all

和解を通して

2014年2月3日に日本ローザンヌ委員会主催の「ローザンヌ運動40周年 新総裁就任記念講演会」にて話された内容をもとに編集したものです。

皆さん、こんにちは！
今日皆さんにお目にかかれて、大変光栄です！
最初に私の家族の写真をご覧に入れます。（写真参照）妻のパールと私の間には子どもが5人おります。娘が4人、息子が1人です。日本の人口減少を少しでも緩和できればと願っています！

私は金本先生、倉沢先生、そして日本ローザンヌ委員会の皆さんにお祈りと愛とお励ましをいただいていることに感謝申し上げます。また、今日ここにおいでくださった牧師先生方にも感謝申し上げます。皆様を心から尊敬しております。皆様のお働きは、神さまの前に尊いものです。今日ここにいらっしゃる宣教師の方々にも感謝申し上げます。日本の宣教師の中で、私は最も小さい者の一人であると自覚しています。しかし、皆さんの中の多くの方々と友人になれたことを感謝しています。皆さんは世界中の宣教師の中で一流の方々だと思います。

仮に私がもう少しましな宣教師であったなら、神さまは私を皆さんの同労者として、日本宣教の最前

of the pastors who are here. I have tremendous respect for you all. Your work is precious in the sight of God. I also want to say thank you to the missionaries who are here. Among the missionaries in Japan I consider myself to be one of the least. But I'm thankful to be friends with many of you, whom I consider to be some of the best missionaries in the world.

I think that if I were a better missionary, maybe God would have had me stay on the front lines of Japan missions alongside you all! There are some who envy those with the title "Dr." or "Professor" or "CEO." But I consider it one of the greatest privileges in my life to bear the title "Missionary."

Here's a picture of our wonderful Lausanne board (*p. 35*). It was taken in Bangalore, India, in June 2013. When I was first asked about leading the Lausanne Movement, it was assumed by some on the board that I should move to America. The thought of possibly having to leave Japan and no longer be a missionary actually made me feel nauseous for a few days. The idea of no longer being a missionary to Japan felt to me like Samson having his hair shaved off. I'm so thankful that the Lausanne board agreed to my request to stay in Japan—and to bring the headquarters of the Lausanne

和解を通して

線に留め置かれたかもしれません。博士とか教授とか CEO といった肩書をうらやむ人もいますが、私にとっては宣教師という肩書を持つことが、人生最大級の特権です。

　さて、ローザンヌ運動のすばらしい理事の方々の写真をお見せしましょう。（写真参照）
　2013 年 6 月にインドのバンガロールで撮った写真です。私がローザンヌ運動のリーダーとなることを打診された当初、理事の中には、私が当然アメリカに引っ越すものと思っていた人たちがいました。もしかしたら日本を離れなければならないかもしれない、もう宣教師ではなくなるかもしれないと思っただけで、私は数日間、気分が悪くなりました。もう日本の宣教師ではないというのは、私にとっては髪

Movement, which had always been based in America, to Japan! I want you to know that leaders all around the world are celebrating this surprising move!

This move to Japan is surprising, but it also makes perfect sense. Lausanne has been blessed by Japan. The director of the 1974 first Lausanne Congress was Donald E. Hoke, missionary to Japan. One of the speakers at that first congress was Dr. Susumu Uda. Ted Yamamori (who is a fellow Nagoyan) served as our previous International Director for Lausanne. And my predecessor, as you all know, was former Japan missionary Doug Birdsall. Lausanne has been blessed by Japan. And Japan has also been blessed by the Lausanne Movement.

One of the driving factors for mobilization of missionaries to Japan is the fact that Japan is one of the largest unreached people groups (UPGs) in the world. This UPG concept was introduced at the first Lausanne Congress in 1974. An Unreached People Group is a distinct ethno-linguistic people that has less than two percent evangelical Christian population and less than five percent Christian adherents. According to the Joshua Project, today there are more than 7000 unreached people groups in the world. Two point nine billion people with little or no access to the gospel! From

の毛を剃り落とされたサムソンに等しいことでした。ローザンヌ理事会が私の要望を受け入れて、日本に留まらせてくださったことを心から感謝しています。そして、ずっとアメリカにあったローザンヌ運動の本部を、日本に持ってくることを許してくださいました！ 実は世界中のリーダーが、この予想外の動きを喜び祝っています！日本への移転は驚きを含んだものではありますが、同時にきわめて納得のいくことでもあります。ローザンヌはずっと日本によって祝福されてきました。

1974年の第1回ローザンヌ会議のディレクターは日本の宣教師であるドナルド・ホーク氏でした。宇田 進博士は第1回会議の発題者のお一人でいらっしゃいました。山森鉄直氏は、名古屋のご出身という親しみがありますが、ローザンヌの元国際総主事を務められました。そして私の前任者は皆さんご存知の通り、元日本宣教師のダグ・バーザル氏です。ローザンヌはこのように日本から祝福を受けてきました。また、日本もローザンヌ運動から祝福を受けてきました。

日本に宣教師を派遣するにあたっての強力な動機の一つは、日本が世界最大級の「福音が伝えられていない人々のグループ（unreached people group = UPG）」であるという事実です。このUPGの概念

これからの世界 ― 宣教の焦点と教会が問われる使命

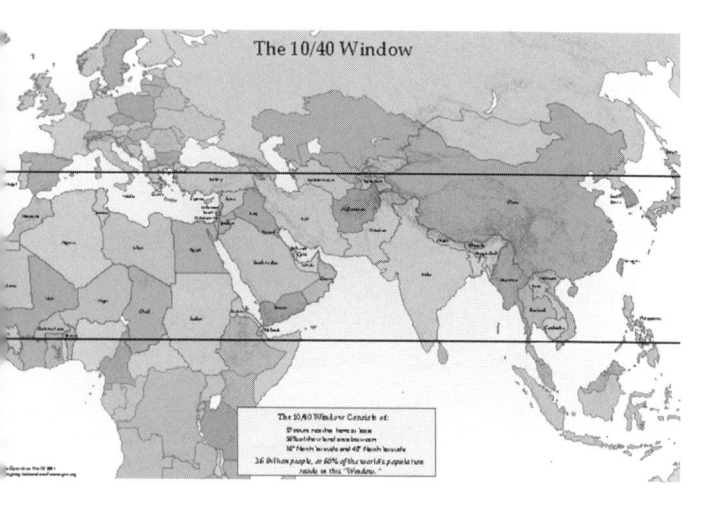

![The 10/40 Window map]

its beginning, the mission of Lausanne has been to advance the global mission of the church. Within that mission, world evangelization is our primary focus.

And unreached peoples are our primary concern. Without the UPG mission strategy introduced through Lausanne, I suspect there might be much less interest in mission work in Japan and many fewer missionaries in Japan today. Six thousand one hundred of the UPGs are located in what is known as the 10/40 Window (*above*).

The 10/40 Window includes the area from 10°N latitude to 40°N latitude that stretches from Asia through the Middle East and North Africa. More than ninety percent

は、1974年の第1回ローザンヌ会議で導入されました。「福音が伝えられていない人々のグループ」とは、民族的・言語的に他とは区別できる人々のグループであって、福音派クリスチャンが人口の2%未満で、なおかつキリスト教を信じる人が人口の5%未満であるグループです。ジョシュア・プロジェクトによると、現在世界中に7,000余りのUPGが存在します。29億人の人々が、福音に触れる機会をほとんど、あるいは全く持っていません。発足当初から、ローザンヌの使命は教会の世界宣教を前進させることでした。その使命において、世界宣教は私共の第1の重点です。

そして、UPGはローザンヌの第1の関心事です。仮にローザンヌを通してUPG宣教戦略が導入されなかったとしたら、日本における宣教の働きへの関心はもっとずっと小さかったかもしれませんし、日本に来る宣教師も今よりずっと少なかったかもしれません。UPGのうち6,100グループはいわゆる「10/40の窓」に位置します。（写真参照、62頁に出典先記載）

この窓は北緯10度と北緯40度の間の地域で、アジアから中東を経て北アフリカに至ります。この窓に住む人々の90%は、福音を伝えられていない人々です。世界の最貧層の人々のうち80%はここに住んでいます。この宣教戦略は1989年の第2回ローザ

of the people living here are unevangelized. Eighty percent of the world's poorest people live here as well. This mission strategy was introduced by Luis Bush at the second Lausanne Congress in 1989. On the very eastern edge of the 10/40 Window is a country called Japan. Many missionaries specifically have chosen to serve somewhere in the 10/40 Window among an unreached people group. That was a key factor in my wife and I choosing Japan. I believe that there would be many fewer missionaries in Japan without the strategic mission focus of the 10/40 Window.

One of the priorities for many evangelical Christians and churches today is to both speak the gospel and show the gospel.

No one would question today that the church is rightly involved in caring for the poor, rescuing victims of sex trafficking, and building homes. But 40 years ago, that was not widely considered to be a legitimate part of Christian ministry, at least not for evangelical Christians. In fact, being involved in ministering to social needs like poverty could lead to accusations of not believing in the Biblical gospel. But through the influence of the Lausanne Movement, the evangelical church has been able to embrace and champion both the proclamation and the demonstration of the gospel.

ンヌ会議においてルイス・ブッシュ氏により提示されました。この10/40の窓の東の端にあるのが日本という国です。多くの宣教師は、10/40の窓に位置するUPGの1つに仕えることを意図的に選択します。妻と私が日本を選んだ際にも、このことは決定的な要素でした。10/40の窓に対して戦略的に宣教の重点を置くということがなければ、きっと日本の宣教師の数はずっと少なかったのではないかと思います。

　今日、福音派のクリスチャンや教会の多くは、福音を語ると同時に福音を生きることを優先事項としています。
　貧しい人の世話をすること、性的目的のための人身売買の犠牲者を救出すること、そして住む家のない人の問題に、教会が適切に取り組むことに疑義を呈する人はいないと思います。しかし、40年前、そうしたことはクリスチャンの正当な働きの一部であるとは一般にはみなされていませんでした。少なくとも福音派クリスチャンには認められていませんでした。それどころか、貧困などの社会的ニーズに対応する働きに関わると、聖書的福音を信じていないと批判されかねませんでした。しかし、ローザンヌ運動の影響を受けて、福音派教会は福音を告知することと実証することとの両方を使命として受け止め、擁護するようになりました。

これからの世界 ― 宣教の焦点と教会が問われる使命

> "Before Lausanne, to be involved with the poor was a political statement, but Lausanne showed that it was not a political response but a spiritual response to the gospel!"
>
> 「ローザンヌ以前、貧しい人たちに関わることはある種の政治的姿勢を示すことでしたが、ローザンヌ以降、それは政治的応答ではなく、福音に対する霊的な応答となったのです！」

Lausanne helped to challenge the evangelical church to embrace holistic or integral mission where there is no conflict between sharing the gospel in word and also in deed. As one Latin American leader wrote, "Before Lausanne, to be involved with the poor was a political statement, but Lausanne showed that it was not a political response but a spiritual response to the gospel"! (*above*)

Today the global evangelical church is actively involved in caring for the poor, the oppressed, and the hurting. Today the church is among the quickest and most passionate in responding to global tragedies. And that was certainly true here in Japan on 3/11. That was one of my proudest moments as a missionary to Japan—seeing the united and passionate response of the Japanese

ローザンヌは福音派教会にチャレンジを与え、言葉と行動で福音を分かち合うという二つのことの間には、何の対立もないとする全人的・統合的宣教を、その使命として受け止めるよう促しました。ラテンアメリカのあるリーダーはこう記しています。

「ローザンヌ以前、貧しい人たちに関わることはある種の政治的姿勢を示すことでしたが、ローザンヌ以降、それは政治的応答ではなく、福音に対する霊的な応答となったのです！」（図版参照）

今日、全世界の福音派教会は、貧しい人々、抑圧されている人々、傷ついている人々を保護する働きに活発に関わっています。今日、教会は全世界の悲惨な事件に対し、最も迅速に、また熱心に応答しています。もちろん、ここ日本で起きた3.11の東日本大震災の際にも、そのような応答が見られました。あの時、東北地方を支援するために日本の教会が一丸となって、熱心に応答した姿を目にし、日本の宣教師として私は大変誇りに思いました。

東北の危機に際し、キリストの愛を見える形で示し、教会の一致を体現してくださった多くの皆さんに感謝します。海外のクリスチャンも実に思いやり深く、日本のために熱心に祈り、ボランティアとして仕え、何億円も献げてくださいました。これも、

church to help the Tohoku region.

Thank you for so many of you who demonstrated the love of Christ and embodied the unity of the church during the Tohoku Crisis. The tremendous generosity of Christians outside of Japan who prayed fervently for Japan, served as volunteers, and poured in millions of dollars is also a fruit of the Biblical theology and mission strategy of integral mission introduced in the Lausanne Movement. Such holistic mission has become an important part of the identity and activity of the global church today. And Japan also has been blessed because of it.

This year Lausanne celebrates 40 years of God's faithfulness. We give thanks to God for three major Lausanne congresses that have been the three largest and most representative gatherings of global church leaders in history. We give thanks for more than 300 global mission agencies, networks, and partnerships that have formed because of Lausanne.

So what about the next 40 years?
Lausanne will continue to seek to advance the global mission of the church with a primary focus on world evangelization and a primary concern for unreached

ローザンヌ運動が提示した統合的宣教に関する、聖書神学と宣教戦略が結んだ実です。

　こうした全人的宣教は、今日、全世界の教会のアイデンティティと活動にとって大事な要素となっています。日本もそこから祝福を受けてきたのです。

　今年2014年、ローザンヌは神さまの真実のうちに40周年を迎えます。大規模なローザンヌ会議を3回開催できたことについて、神に感謝します。この会議は歴史上、世界教会のリーダーが集った3大集会であり、最も多様なリーダーが一同に会した会議でした。ローザンヌを契機として、300余りの世界的宣教組織、ネットワーク、パートナーシップが形成されたことについて、神に感謝します。

　では、これからの40年間はどうでしょうか？
　ローザンヌはこれからも教会による世界宣教を推進することを追求します。そのために、世界の福音化を何よりも重視し、世界中の未伝の民族に第1の関心を払います。この目標に向かい、ローザンヌは大きく3つの領域に重点を置いていきます。

　第1は全教会を動員することです。
　世界の福音化という大義のためには、どうしても動員されなければならないグループがいくつかあります。

peoples in the world. Toward that end, Lausanne will give focus in three main areas.

The first area of focus will be mobilizing the whole church. There are some key constituencies that must be mobilized for the cause of world evangelization.

The first key constituency is women.

Did you know that half of the people in the 10/40 Window are women? If that is true, then we'll need to mobilize the women of the church to share the gospel with these women both locally and also to be sent out as missionaries! The gospel is not a message that should be limited to specially trained men. The Japanese church's domestic evangelism strategy and global mission strategy must also give careful consideration of mobilizing women!

The second key constituency is lay people.

Ninety-nine percent of people are not professional ministers! Both here in Japan and the rest of the 10/40 Window it will be critical to mobilize the 99% of the church who are laity. Unless that 99% of the church is mobilized, there is no way that the 99% of the people in Japan who are not Christians will be reached.

第1の重要なグループは女性です。

10/40の窓に住む人々の半分は女性だということにお気づきでしょうか？

仮にこれが事実ならば、教会の女性たちを動員して、この地域の地元の女性から女性に福音を伝えてもらわなければなりません。また、女性を宣教師としてこの地域に送り出さなければなりません。福音は、特別な訓練を受けた男性だけが伝達するメッセージではありません。日本の教会の国内伝道戦略と世界宣教戦略も、女性の動員について入念な検討を経たものでなければなりません！

第2の重要なグループは信徒です。

99％のクリスチャンはプロの牧会者ではありません！ここ日本でも、10/40の窓の日本以外の地域でも、教会の99％を占める信徒を動員することはきわめて重要です。教会のこの99％の人々を動員しない限り、日本の人口の99％を占める、まだクリスチャンでない人々に到達することはできません。

第3にローザンヌが教会に動員を呼びかけたいグループは、次世代リーダーです。

1987年にシンガポールで、第1回ローザンヌ次世代リーダー会議が開かれました。この時参加した「次世代リーダー」の中には、アジス・フェルナンド氏

これからの世界 — 宣教の焦点と教会が問われる使命

The third key constituency is younger leaders.

In 1987, the first Lausanne Younger Leaders Gathering was held in Singapore. Some of the "young leaders" who participated, like Ajith Fernando and John Piper, are some of the top leaders of the global church today. The second Lausanne Younger Leaders Gathering took place in 2006 in Malaysia. Among the participants was Jason Mandryk, who is the editor of Operation World—often said to be the second most important book for a Christian to own after the Bible! (*above*)

And the third Younger Leaders Gathering will be next year, likely in Kiev, Ukraine! [Editor's note: In April 2014, its postponement to the first half of 2016 was announced.] We are currently taking nominations

やジョン・パイパー氏など、今日世界教会のトップリーダーとなっている人たちがいます。第2回ローザンヌ次世代リーダー会議は、2006年にマレーシアで開かれました。この時の参加者のジェイソン・マンドリク氏（48頁写真右）は、現在「オペレーション・ワールド」の編集長です。「オペレーション・ワールド」は、クリスチャンにとって聖書の次に持つべき2番目に重要な書物だとも言われています！

そして第3回次世代リーダー会議は2015年［注：その後2014年4月に、2016年前半への延期が発表された］にウクライナのキエフで開かれる予定です！ 現在、オンラインで参加者の推薦を受け付けています。ぜひ日本からも、前途有望な次世代リーダーに参加していただけるよう願っています。

ローザンヌの第2の重点は、健全な聖書神学を育成することです。

1974年のローザンヌ会議の当時、福音を打ち捨ててしまった自由神学の影響力が拡大していましたが、主はローザンヌを用いて、その潮目を変えてくださいました。今日、「ローザンヌ誓約」は様々な教会の信仰告白として、また団体のミッションステートメントとして、最もよく用いられている文書です。現代教会史上、最も重要な意味を持つ文書の一つとして、広く認識されています。具体的には、

online—so it's my hope that we will have a very strong group of younger leaders participating from Japan.

The second area of focus will be fostering faithful Biblical theology. The Lord used Lausanne in 1974 to help turn the tide against the growing influence of a liberal theology that abandoned the gospel. Today the Lausanne Covenant is used by more churches and organizations as their statement of faith and mission than any other document. It is widely regarded as one of the most significant documents in modern church history. In particular, Lausanne will seek to continue to gather the best of the global church's theologians and thinkers to combat some of the greatest threats to Biblical Christianity and global missions.

After the third Lausanne Congress in Cape Town, the Cape Town Commitment (CTC) was completed. The CTC helped to lay out a ten-year road map for Lausanne and for global missions. The booklet has been translated now into more than 26 languages, giving guidance to nations around the world on mission strategy.

From the CTC, 35 priorities for the global church have been identified and are being theologically and strategically addressed by some of the best minds and

和解を通して

ローザンヌは引き続き、世界教会の一流の神学者や思想家の力を集約し、聖書的キリスト教と世界宣教に対する大いなる脅威に対抗してまいります。

ケープタウンで行われた第3回ローザンヌ会議の後、「ケープタウン決意表明」が上梓されました。「ケープタウン決意表明」は、ローザンヌ運動と世界宣教の今後10年間のロードマップを示そうとする試みでした。この小冊子はこれまでに26以上の言語に翻訳されています。

そして、宣教戦略について、世界中の諸国に指針を与えています。「ケープタウン決意表明」から、世界教会にとっての35の優先課題が見出され、世界教会の中でも最も優れた頭脳と信仰を持つ人々が、神学的に、また戦略的に、これらの課題に取り組んでいるところです。10年余りの間にローザンヌ国際協議会が35回開かれ、世界のキリスト教と宣教についての重要な可能性や脅威に真剣に取り組んでいく予定です。

2か月後にはブラジルで、繁栄と貧困と福音についての国際協議会が開かれ、いわゆる「繁栄の福音」の危険な脅威について協議します。数か月後には、世界の主要なリーダーを集めてイスラムについての国際協議会を開きます。こうした会議や出版物

hearts of the global church. Over 10+ years, 35 Lausanne Global Consultations will be held to wrestle with these key opportunities and threats to global Christianity and missions.

In two months, we'll have a Global Consultation in Brazil on Prosperity, Poverty and the Gospel, tackling the dangerous threat of the so-called "prosperity gospel." A few months later, we'll gather key global leaders for a Global Consultation on Islam. These gatherings and publications will help to guide the mission theology and strategy of the global church in the years to come.

A key initiative that we are developing is the mentoring of the next generation of theologians around the world. They will be the core thinkers and teachers for the church of the next generation. Lausanne is seeking to influence them with a passionate commitment to the Biblical gospel and world evangelization. The leader of this Lausanne Younger Theologians Initiative is Bobby Ryu, who is here with us today. Bobby, could you please stand?

The third area of focus will be shaping mission strategy. This really goes organically hand in hand with mission theology. As I mentioned in the beginning,

は、今後の世界教会の宣教神学や宣教戦略を導く助けになることでしょう。ローザンヌが現在進めている一つの重要な構想は、世界中の次世代神学者のメンター制度です。彼らは次世代の教会にとって、中核的な思想家、また教師となるでしょう。

　ローザンヌは、聖書的福音と世界福音化に本気で取り組む決意をもって、次世代神学者に影響力を行使することを追求しています。このローザンヌ次世代神学者構想のリーダーは、ボビー・ルー氏です。今日、この場に来ています。ボビーさん、ちょっと立ってくれますか？

　第3の重点は宣教戦略です。
　このことは宣教神学と歩調を合わせて進んでいきます。初めに申し上げた通り、今日の世界宣教戦略は、いろいろな意味でローザンヌ運動の影響を大きく受けています。これからも世界宣教の戦略と焦点に影響を与え、また方向性を示していきたいと願っています。

　このことの一つの例は中国です。
　2010年のケープタウン会議の時、中国の牧師やリーダー300名は中国の警察当局によって飛行機に乗ることを制止されましたが、主はこの経験を用いて、中国教会のトップリーダーを育て、彼らを一致

in many ways today's global mission strategy has been largely influenced by the Lausanne Movement. We hope to continue to influence and shape global mission strategy and agenda in the years to come.

One example of this is China. Even though 300 Chinese pastors and leaders were prevented by the Chinese police from getting on their airplanes to go to Cape Town in 2010, the Lord used that experience to identify and unite the top leaders of the Chinese church.

Beginning this July, we will be launching the Mission China 2030 initiative. Each year Lausanne will be training some of the top leaders of the Chinese church in mission strategy based on Lausanne teachings. And we will also help to facilitate strategic planning of an historic national effort by the Chinese church. The Mission China 2030 vision involves three goals:

  1. A nationally coordinated effort for theological education of the next generations of leaders.
  2. The planting of 5000 churches—one at every one of the 5000 train and subway stations in China!
  3. The sending out of 20,000 missionaries from China by 2030.

Over the past 200 years an estimated 20,000 missionaries have been sent to China. Now the hope is to

に導いてくださいました。そして、今年7月から「宣教中国2030」という構想を開始します。毎年、ローザンヌは中国教会のトップリーダーに対して、ローザンヌの教えに基づいて宣教戦略の訓練を施します。同時に、中国教会による歴史的な全国規模の働きの戦略的計画立案を支援します。

「宣教中国2030」のビジョンには3つのゴールがあります。
- 第1に、次世代リーダーの神学教育に向けた、全国的に組織立った働きをすることです。
- 第2に、5,000の教会を開拓することです。中国に5,000ある鉄道及び地下鉄の駅ごとに1つの教会をつくります！
- 第3に、2030年までに中国から2万人の宣教師を派遣することです。

この200年余りの間に、中国には推定2万人の宣教師が派遣されました。今度は中国から2万人の宣教師を送り出すことが願いです。これまでに中国に派遣された宣教師1人について1人の中国人宣教師を派遣します。

もし主がこの人間的に不可能なゴールを祝福してくださるなら、このことは全世界に影響を与えることでしょう！しかし、こう考える人もあるかもしれません。「いくら神さまでも日本では絶対に同じこ

send out 20,000 missionaries from China—one Chinese missionary for every missionary that has been sent to China. If the Lord blesses these humanly impossible goals it will impact the whole world!

Some people may think God could never do that in Japan. Well, if God is just some small idol that lives in a shrine or hangs from your car mirror then you might be right. But if God is truly the Almighty and Living God who created the whole world, then he surely can do that and much, much more! And it is my heartfelt desire to work together with you all to see a glorious and powerful impact of the gospel in and through the church in Japan! I am thankful for the solid relational unity that there is in the Japanese church. We have leaders of the JLC, JEA, and JEMA here today. I want to especially challenge our three groups to consider how we can unite for the cause of the evangelization of Japan and the world. Toward that end let us embrace a spirit of grace and humility toward one another. Let us continue to cooperate in gospel deeds in caring for the physical needs of those in Tohoku. But let us also unite in strategizing how we can both show and proclaim the good news of Jesus to every person in Japan!

We must give attention to the great suffering here on

とをできないだろう。」

　仮に私たちの神さまが、神社に納められていたり、あるいは車のバックミラーに吊されていたりする小さな偶像にすぎないとしたら、確かにそうかもしれません。でも、もし神さまが本当に全能で、全世界をつくられた生ける神さまであるなら、日本でも同じことをできるはずですし、それよりずっと大きなことができるはずです！ 私は心から願います。皆さんと一緒に働いて、日本の教会のすみずみにまで、栄光と力に満ちた福音の影響が及ぶのを見させていただきたいのです！ 日本の教会の中にはしっかりした関係に基づいた一致があることを、私は感謝しています。今日ここには、日本ローザンヌ委員会 (JLC)、日本福音同盟 (JEA)、日本福音宣教師団 (JEMA) のリーダーがいらっしゃいます。この３つのグループの方々に私は特にお願いしたいのですが、日本と世界の福音化の大義のために、どのように協働できるかを考えてください。この目標に向かって、お互いに対する親切とへりくだりの精神をいつも抱こうではありませんか。東北地方の人々の現実的な必要に応えるために、福音を行動で表わすことにおいて引き続き協力しようではありませんか。しかしまた、日本のすべての人にイエスの良き知らせを行動と言葉の両方で示すために、どうしたら良いかを一緒に考えようではありませんか！

Earth. And let us give particular attention to eternal suffering and the preaching of the gospel.

There are incredible pains and sins in our society that the church must prophetically speak out about!

- How can we compassionately respond to the needs of those who are *hikikomori* sufferers?
- How can we prophetically speak out against wide-spread sexual exploitation of those in the sex industry and the sexual abuse of children in cities, schools, and homes?
- How can we give a vision of God's design for healthy marriages and families?

The Japanese government has no good solutions for these issues, but in the gospel we have a real and eternal solution. The church cannot be silent, nor sit on the sidelines!

- How can the Japanese church lead the way toward reconciliation in Asia in our days of growing instability and hostility with our neighbors?
- How can the leaders of Japan show humility and love and encouragement to the younger generations of leaders and missionaries?

They need mentoring, not bullying.

They need discipleship, not constant criticism.

They need to see both your strengths and your weaknesses.

この地上における大いなる苦しみに、私たちは注意を向けなければなりません。永遠の苦しみと福音の宣証とに、特に注意を向けようではありませんか。
　今日の社会には、信じがたいような痛みと罪が存在します。教会はそれらについて、預言者的に発言していかなければなりません！

- ひきこもりと言われる人たちの必要に、思いやりをもって応答するにはどうすればいいでしょうか？
- セックス産業における性的搾取がはびこり、都市や学校や家庭で子どもが性的虐待を受ける中で、それらに対してどのような預言者的発言をすればいいのでしょうか？
- 健全な夫婦関係や家庭について、神さまが定められたビジョンをどのように提示すればいいのでしょうか？

日本政府には、これらの問題に対する良い解決策が何らありません！

　福音にこそ、真の永遠に続く解決策があるのです！

　教会は黙って傍観していてはなりません！

- 日本は現在、近隣諸国との間で関係が不安定になり、対立が深まっていますが、日本の教会はアジアの和解に向けた道筋をどうすればリードできるでしょうか？
- 日本のリーダーは、次世代のリーダーや宣教

If there were to be a Japan Mission 2030 Vision what would it be? A vision based not on fear, but on faith. The first Bible verse I memorized in Japanese was Philippians 4:13 私は、私を強くしてくださる方によって、どんなことでもできるのです。 If we really believe Philippians 4:13, what could God do in and through us here in Japan?

In Cape Town I met with the delegation from Mongolia. They told me that in 1990 there were only five Christians in Mongolia. Twenty years later there were five hundred churches with fifty thousand believers. Also, today Mongolia is sending out more missionaries per capita than any other nation in the world! They are the greatest mission-sending nation in the world after having only five believers 20 years ago! Today Japan is the second largest unreached people group in the world. Some consider Japan to be the most difficult mission field in the world.

How about 20 years from now?

Could Japan become the greatest missionary sending nation in the world in 20 years?

Do you believe in a God who could do that?

Do you believe that God could multiply the number of Christians in Japan by 10 times?

20 times?

100 times?

師に対して、謙遜と愛と励ましをどのように示すことができるでしょうか？

彼らに必要なのはメンタリングであって、見下すことではありません。

彼らに必要なのは弟子育成であって、ひっきりなしの批判ではありません。

彼らに必要なのは、皆さん方リーダーの強さと弱さの両方を見ることです。

もし宣教日本2030ビジョンを打ち立てるとしたら、どんなものになるでしょう？ そのビジョンは恐れを土台とするのではなく、信仰を土台とします。私が最初に日本語で暗記したみことばは、ピリピ人への手紙4章13節でした。「私は、私を強くしてくださる方によって、どんなことでもできるのです。」

私たちがピリピ4：13を本当に信じるなら、神さまは日本で、私たちの内に、私たちを通して、何をなさることができるでしょうか？

ケープタウンで、私はモンゴルからの参加者に会いました。彼らは私に言いました。1990年に、モンゴルにはクリスチャンが5人しかいませんでした。20年後、500の教会に5万人の信者が集っていました。しかも今日、モンゴルは人口1人当たりの宣教師派遣数が世界一です！ 20年前にはたった5人しか信者がいなかったのに、今では世界一の宣教師派遣国になりました！ 現在日本は、福音が伝えられていない人々のグループ（UPG）として世界で2番

Do you believe in a God who could do that work even through you?

I believe in such a God. And I believe that God will use you all to help build a whole new Japan by the year 2030. And you have my personal commitment and the commitment of the Lausanne Movement to support you until that day.

Thank you!

38頁の図版は下記より転載させていただきました。
© 2014 Global Mapping International.

目に大きな民族です。日本は世界で最も困難な宣教地だと考える人もいます。

でも、20年後はどうでしょうか？

20年後、日本は世界最大の宣教師派遣国になれるでしょうか？

あなたの信じている神さまは、そのような業を成し遂げることができるお方ですか？

日本のクリスチャン人口を10倍にすることが、神さまにはできると信じますか？

20倍にすることができると信じますか？

あるいは100倍に？

あなたの信じている神さまは、そのような業をあなたを通してさえもおできになる方でしょうか？

私はそのような神さまを信じています。そして、神さまは皆さん方を用いて、2030年までに全く新しい日本を建て上げることがおできになると信じています。私とローザンヌ運動は、その日まで全力を傾けて、皆さんを支援することをお約束します。

ありがとうございました！

(翻訳：立石充子)

【略歴】マイケル・オー（*Michael Oh*）
1971 年生まれ。愛知・キリスト聖書学園理事長。
ペンシルバニア大学より政治科学学士、教育学修士及び教育指導・人間学博士号を取得。トリニティ神学大学より牧会学修士号、ハーバード大学より東アジア研究における修士号を取得。2007 年より世界ローザンヌ運動の理事を務める。
妻パールとの間に 5 人のこどもがいる。
2013 年に世界ローザンヌ運動の総裁に就任。

ヨベル新書 025

和解を通して　Reconciled to God

2014 年 8 月 25 日 初版発行

著　者 ── マイケル・オー
発行者 ── 安田正人
発行所 ── 株式会社ヨベル　YOBEL, Inc.
〒 113-0033 東京都文京区本郷 4-1-1　菊花ビル 5F
TEL03-3818-4851　FAX03-3818-4858
e-mail：info@yobel.co.jp

DTP・印刷 ── 株式会社ヨベル
装丁 ── ロゴデザイン：長尾 優
定価は表紙に表示してあります。
本書の無断複写（コピー）は著作権法上での例外を除き、禁じられています。
落丁本・乱丁本は小社宛にお送りください。
送料小社負担にてお取り替えいたします。

配給元―日本キリスト教書販売株式会社（日キ販）
〒 162 - 0814　東京都新宿区新小川町 9 -1
振替 00130-3-60976　Tel 03-3260-5670
©2014, Printed in Japan　ISBN978-4-907486-09-9 C0016

聖書本文は新改訳聖書（© 新日本聖書刊行会）を使用しています。